AF357396

20 Janvier 1883

Vente pour cause de départ

Le Samedi 20 Janvier 1883

HOTEL DROUOT, SALLE N° 8

MOBILIER ARTISTIQUE

ANCIEN ET MODERNE

Diamants — Porcelaines de Sèvres

Meubles anciens et de styles

Tapisseries et Étoffes

M⁰ Paul CHEVALLIER
COMMISSAIRE-PRISEUR
Succʳ de **Mᵉ Ch. PILLET**
10, rue de la Grange-Batelière.

Mᵉ CH. MANNHEIM
EXPERT
7, rue Saint-Georges, 7.
Paris.

EXPOSITION PUBLIQUE

Le Vendredi 19 Janvier, de 1 heure à 5 heures.

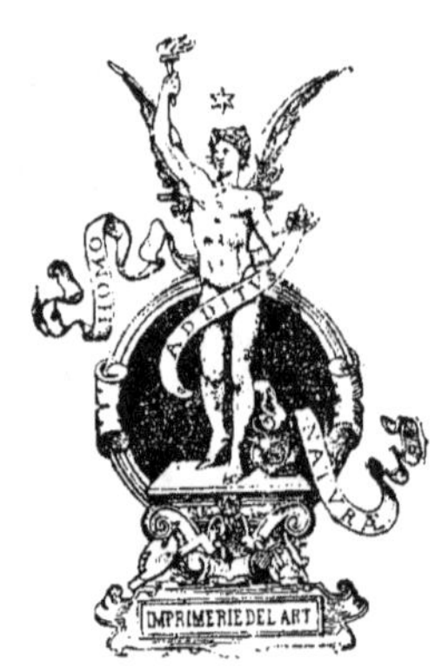
IMPRIMERIE DEL ART

CATALOGUE

d'un

MOBILIER ARTISTIQUE

ANCIEN & MODERNE

Diamants,
Anciennes Porcelaines de Sèvres, de Saxe et de Chine,
Faïences françaises, Faïences de Deck,
Armes de chasse, Objets de vitrine, Éventails,
Dentelles et Guipures, Bronzes d'art et d'ameublement,
Meubles anciens et de style, Tapisseries,
Étoffes, Meubles courants.

DONT LA VENTE AURA LIEU POUR CAUSE DE DÉPART

HOTEL DROUOT, SALLE N° 8

Le Samedi 20 Janvier 1883

A DEUX HEURES

COMMISSAIRE-PRISEUR

Mᵉ PAUL CHEVALLIER, Succʳ de Mᵉ CH. PILLET
10, rue de la Grange-Batelière, 10

EXPERT

M. CH. MANNHEIM, 7, rue Saint-Georges.

Chez lesquels se trouve le Catalogue.

EXPOSITION PUBLIQUE : Le Vendredi 19 Janvier 1883
De une heure à cinq heures.

CONDITIONS DE LA VENTE

Elle sera faite au comptant.

Les adjudicataires payeront *cinq pour cent* en sus des enchères.

L'exposition mettant le public à même de se rendre compte de l'état des objets, aucune réclamation ne sera admise une fois l'adjudication prononcée.

Paris. — Imp. de l'Art, J. Rouam, 41, rue de la Victoire.

DÉSIGNATION DES OBJETS

DIAMANTS

1 — Deux beaux boutons d'oreilles, formés chacun d'un gros brillant.

PORCELAINES DE SÈVRES

2 — Joli petit cachepot en ancienne porcelaine de Sèvres, pâte tendre, fond bleu turquoise, à médaillon de fleurs et d'oiseaux, encadrés d'ornements d'or.

3 — Autre petit cachepot en ancienne porcelaine de Sèvres, pâte tendre, fond bleu turquoise, de mêmes forme et dimensions que celui qui précède, mais décoré seulement de médaillons de fleurs encadrés d'or.

4 — Sucrier sur plateau adhérent, de forme ovale,
en ancienne porcelaine de Sèvres, pâte
tendre, décoré de bouquets de roses.

5 — Tasse de forme droite et sa soucoupe, en ancienne porcelaine de Sèvres, pâte tendre,
décor de fleurs et losanges rehaussés d'or.

6 — Tasse droite et une soucoupe en ancienne
porcelaine de Sèvres, décor rayonnant à
feuilles de laurier, avec médaillon à écusson
et colombes; les deux pièces portent au
revers une inscription relative à la Révolu-
tion française.

7 — Quatre compotiers forme coquille, en ancienne
porcelaine de Sèvres, pâte tendre, décor de
bouquets de fleurs avec bordure à hachures
et filets bleus rehaussés d'or.

8 — Trois compotiers ronds à quatre lobes, en
ancienne porcelaine de Sèvres, décor de
bouquets de fleurs, bordure à filet bleu
rehaussé d'or.

9 — Vingt-trois assiettes de même porcelaine et de
décor analogue.

10 — Bol ou saladier de même porcelaine et décor.

PORCELAINES DE SAXE & AUTRES

11 — Figurine de pâtissier, en vieux Saxe.

12 — Tasse à deux anses et sa soucoupe en vieux Saxe, à décor de scènes d'intérieur.

13 — Tasse à bouillon avec couvercle et plateau en porcelaine de Saxe, décor de jeux d'enfants en camaïeu et fleurettes en couleurs.

14 — Deux assiettes genre Saxe, bordure à jour.

15 — Groupe en vieux Saxe : Chasse au sanglier.

16 — Un âne debout, en vieux Saxe.

17 — Statuette de marchand d'oiseaux, en vieux Saxe.

18 — Une poule en vieux Saxe.

19 — Statuette de joueur de flûte en vieux Saxe.

20 — Deux vases en porcelaine genre Saxe, décor en
relief à figures.

PORCELAINES DE CHINE

21 — Grand vase cornet en vieux Chine, décor
émaillé en couleurs, à figures de mandarins.

22 — Boîte lenticulaire à couvercle en ancienne
porcelaine de Chine, à décor de quadrillages,
vases et attributs en émaux de la famille
verte.

23 — Potiche en ancienne porcelaine de Chine,
décor en émaux de la famille rose à person-
nages.

24 — Sucrier en vieux Chine.

25 — Tasse et sa soucoupe en vieux Chine, famille
verte à fleurs rehaussées d'or.

26 — Potiche en imitation de porcelaine du Japon.

27 — Deux grands plats en ancienne porcelaine du
    Japon, décor bleu à lambrequins, fleurs et
    oiseaux.

FAIENCES

28 — Plat en faïence de la suite de Palissy représen-
    tant un sujet biblique.

29 — Un légumier avec son couvercle en ancienne
    faïence de Rouen, décor polychrome à guir-
    landes.

30 — Corbeille et son plateau à jour, en ancienne
    faïence de Strasbourg. Marque de Hanong.

31 — Une tasse en ancienne faïence de Delft à fond
    noir et décor polychrome.

32 — Une autre tasse de décor analogue.

33 — Un sucrier à saupoudrer de forme allongée, en
    faïence d'Aprey à décor d'oiseaux.

34 — Grand plat en faïence de Deck à décor de
    fleurs en relief sur fond violet.

35 — Vase vert olive, forme chinoise, en faïence de
Deck.

36 — Jardinière octogone en faïence de Deck bleu
turquoise, à décor chinois en relief.

37 — Pichet en barbotine et deux vases cachepots
en faïence moderne.

38 — Deux cornets en faïence italienne, décor bleu
à paysage.

39 — Deux plats en faïence de Delft à décor bleu.

40 — Assiette en faïence de Rouen, décor poly-
chrome.

ARMES DE CHASSE

41 — Carabine rayée à deux coups, calibre 12, de
Webley et Sons de Londres, avec étui en
cuir russe.

42 — Fusil de chasse à deux coups, calibre 14, de
Gastine-Renette.

43 — Fusil de chasse à piston, de Gastine-Renette, dans son étui.

OBJETS DIVERS

44 — Trois photogravures en couleurs, encadrées : l'Indiscret, les Femmes savantes, l'Orage.

45 — Deux petites salières Louis XVI en argent estampé, à figures d'enfants et guirlandes.

46 — Service d'enfant en vermeil, composé d'une timbale, une grande cuiller, une fourchette et une petite cuiller dans un étui.

47 — Petite bouillotte en argent.

48 — Dix-huit couteaux à dessert à manche de nacre et lame de vermeil.

49 — Deux bas-reliefs ivoire, bustes de Henri IV et de Marie de Médicis.

5o — Boîte ronde en ivoire, doublée d'écaille avec miniature du temps de Louis XVI, à sujet galant.

51 — Petit livre d'heures avec couverture en fili-
grane d'argent ornée d'émaux, du temps de
Louis XIII.

52 — Miniature sur ivoire, portrait de femme en cos-
tume Louis XIII, à grande collerette.

53 — Petit médaillon Louis XVI, à feuillages en
argent garnis de roses.

54 — Drageoir de forme octogone, en fer découpé et
ciselé du temps de Louis XIII.

55 — Nécessaire de voyage avec garniture en argent.

56 — Petit vase en cristal de roche taillé à côtes,
avec monture à deux anses et à piédouche
en argent émaillé de travail viennois.

57 — Étui à cigarettes en argent doré et niellé,
travail de Toula, et autre étui à cigarettes
en papier comprimé, de travail russe.

58 — Flacon en cuivre émaillé à ornements en bleu
et blanc en relief.

59 — Chimère en pierre de lard.

60 — Petit coffret à bijoux en bronze doré et émaillé,
moderne.

ÉVENTAILS

61 — Éventail avec feuille en application d'Angle-
gleterre, monture de nacre.

62 — Deux éventails : l'un en écaille, l'autre en
nacre.

63 — Éventail ouragan avec feuille de soie peinte,
et un éventail japonais.

64 — Bel éventail à monture de nacre ajourée et
dorée, feuille peinte à branche de rose, par
V. Leclaire.

65 — Éventail à monture d'écaille incrustée d'or
avec feuille en dentelle de Chantilly.

66 — Éventail à monture d'ivoire avec feuille de soie
peinte à sujet Watteau en camaïeu rose.

67 — Éventail à monture d'ivoire ciselé et ajouré, feuille peinte à la gouache : l'Enlèvement d'Europe.

68 — Éventail à monture de nacre, feuille soie peinte, sujet marine.

69 — Éventail monture d'ébène sculpté, ornée de perles fines, feuille soie peinte, amazone.

70 — Éventail monture d'ivoire, feuille peinte : Ophélie.

DENTELLES — GUIPURES

71 — Trois volants pour garniture de robe en application d'Angleterre et point d'Alençon de 35 cent. de largeur.

72 — Garniture de corsage de même dessin que les volants qui précèdent.

73 — Garniture de lit, quatre grands rideaux de fenêtre et quatre rideaux de vitrage en guipure.

74 — Huit rideaux de vitrage et quatre grands rideaux en tulle brodé.

BRONZES

75 — Pendule de style Louis XVI, formée d'un vase ovoïde à piédouche en porcelaine tendre fond gros bleu à médaillons de paysages et d'oiseaux ornée de têtes de faunes et de guirlandes de vignes, en bronze doré, socle carré en bronze à consoles, garni de plaques de porcelaine.

76 — Jolie pendule en forme de petit régulateur en bois laqué à fleurs, orné de bronze du temps de Louis XV.

77 — Deux figurines en bronze argenté : les Duellistes, par L. Guillemin.

78 — Coffret en bronze de style Louis XIII, à ornements, d'après Bagard de Nancy.

79 — Groupe en bronze de Chopin, de Saint-Pétersbourg, représentant la Razzia. Socle en marbre griotte.

80 — Chien blessé, bronze de Frémiet.

81 — Bouc en bronze du xvie siècle.

82 — Petit brasero en bronze japonais.

83 — Éléphant de Barye, bronze vert.

84 — Deux petits vases bronze vert à sujets faunes
et satyres.

85 — Bronze de Cadaix : la Mère de l'Innocence.

86 — Deux candélabres formés chacun d'un vase
en porcelaine de l'Inde avec monture à
bouquet de lis en bronze doré.

87 — Deux vases forme buire en bronze à ornements.

88 — Deux girandoles à six lumières en bronze doré
de style Louis XVI, garnies de cristaux.

89 — Deux appliques en bronze doré, garnies de
cristaux.

90 — Deux flambeaux cassolettes style Louis XVI, porcelaine gros bleu et bronze.

91 — Petite pendule Louis XVI en bronze, surmontée d'une figurine d'amour.

MEUBLES ANCIENS & MODERNES

92 — Meuble à deux corps et à fronton en bois de noyer sculpté à rinceaux, groupes de fruits et têtes de chérubins, de la fin du xvie siècle. Les portes sont formées de panneaux gothiques et Renaissance à figures, ogives et ornements.

93 — Crédence de style Renaissance en bois de noyer sculpté à cariatides godrons et ornements avec plaquettes de marbre. L'intérieur est garni de tiroirs à secrets.

Ce meuble a été exécuté par Drouard, d'après un modèle du musée de Cluny.

94 — Table de style Louis XIII en chêne sculpté à pieds tors et mascarons.

95 — Table à jeu en bois d'ébène.

96 — Meuble d'entre-deux en bois de rose orné de
bronzes dorés avec médaillons de porcelaine genre Sèvres sur les portes. Dessus de
marbre blanc.

97 — Meuble hollandais formant bureau à cylindre
avec tiroirs, en marqueterie de bois à fleurs.

98 — Petite commode surmontée d'une vitrine en
marqueterie hollandaise.

99 — Table de nuit Louis XV, de forme ovale, en
bois de placage, marquetée à fleurs.

100 — Table en incrustation d'ivoire dite certosine
avec pieds à X.

101 — Table à ouvrage en marqueterie moderne.

102 — Vitrine Louis XVI de forme cintrée, en bois
d'acajou à cannelures de cuivres et mou-
lures de bronze. Dessus de marbre.

103 — Beau lit Louis XIII en noyer sculpté à cariatides avec colonnes torses et baldaquin.

104 — Table-console Louis XVI en bois laqué et à
fleurs peintes. Dessus de marbre portor.

105 — Commode Louis XV en bois laqué à fleurs.

106 — Deux gaines en marqueterie de cuivre genre
Boulle.

107 — Console de style Louis XVI à fond de glace.

TAPISSERIES & ÉTOFFES

108 — Tapisserie du temps de Louis XIV avec bordure à fleurs, représentant Cérès.

Haut., 2 m. 60 cent.; larg., 3 m. 95 cent.

109 — Tapisserie flamande, verdure fine avec bordure.

Haut., 2 m. 95 cent.; larg., 3 mètres.

110 — Tapisserie verdure animée d'oiseaux, bordure
à fleurs.

Haut., 2 m. 75 cent.; larg., 4 mètres.

111 — Petit tapis de table en cachemire rouge brodé
à fleurs en soie de couleurs de travail
portugais.

112 — Tapis de table en peluche bleue et tapisserie.

113 — Morceau de soie ancienne brochée.

114 — Deux couvre-lits portugais en toile brodée de
soie.

MEUBLES COURANTS

Armoire à glace en acajou, bibliothèque en chêne
verni, pendules, couchettes, etc., etc.

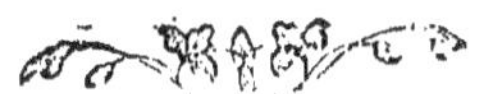

www.ingramcontent.com/pod-product-compliance
Lightning Source LLC
LaVergne TN
LVHW011004180726
843502LV00007B/2333